EXPLICANDO
Los últimos tiempos

DAVID PAWSON

ANCHOR RECORDINGS

Copyright ©2018 David Pawson

EXPLICANDO Los últimos tiempos
EXPLAINING End Times

El derecho de David Pawson a ser identificado como el autor de esta obra ha sido afirmado por él de acuerdo con la
Ley de Copyright, Diseños y Patentes de 1988.

A menos que se indique lo contrario, las citas bíblicas son tomadas de
La Santa Biblia, Nueva Versión Internacional® NVI®
© 1999 by Biblica, Inc.®
Usada con permiso. Todos los derechos reservados en todo el mundo.
Traducido por Alejandro Field

Esta traducción internacional español se publica por primera vez
en Gran Bretaña en 2018 por
Anchor Recordings Ltd
DPTT, Synegis House, 21 Crockhamwell Road,
Woodley, Reading RG5 3LE

Ninguna parte de esta publicación podrá ser reproducida o transmitida de ninguna forma o por ningún medio, electrónico o mecánico, incluyendo fotocopia, grabación o ningún sistema de almacenamiento o recuperación de información, sin el permiso previo
por escrito del editor.

**Si desea más de las enseñanzas de David Pawson,
incluyendo DVD y CD, vaya a
www.davidpawson.com**

PARA DESCARGAS GRATUITAS
www.davidpawson.org

**Si desea más información, envíe un e-mail a
info@davidpawsonministry.com**

ISBN 978-1-911173-67-0

Este libro está basado en una serie de charlas. Al tener su origen en la palabra hablada, muchos lectores encontrarán que su estilo es algo diferente de mi estilo habitual de escritura. Es de esperar que esto no afecte la sustancia de la enseñanza bíblica que se encuentra aquí.

Como siempre, pido al lector que compare todo lo que digo o escribo con lo que está escrito en la Biblia y, si encuentra en cualquier punto un conflicto, que siempre confíe en la clara enseñanza de las escrituras.

David Pawson

EXPLICANDO
Los últimos tiempos

Las personas me preguntan: "¿Estamos en los últimos tiempos?". Pero esa no es una expresión bíblica. La Biblia habla de "los últimos días", y hemos estado en los últimos días durante dos mil años. Comenzaron en Pentecostés, donde se cumplió la primera profecía sobre los últimos días.

Sé que la gente quiere decir: ¿estamos en los últimos últimos días? O, dicho sin rodeos, ¿estamos en la generación que verá volver a Jesús? Mi respuesta es que no lo sé. Se está reduciendo el margen para mí. Al momento de escribir estoy en la octava década de la vida, así que Jesús tendrá que apurarse para que yo lo vea volver. Pero la verdadera pregunta es, en realidad, ¿somos la última generación? Es extraño, pero la mayoría de los que me hablan acerca de esto también dicen que están haciendo preparativos para su jubilación, su pensión, dónde van a vivir, y otras cosas similares, que es algo inconsistente. Mi respuesta sería que estamos en el principio de los últimos días, pero en cuanto a su duración, no creo que la Biblia nos lo indique.

Es una frase que se ha vuelto habitual desde que se creó el estado de Israel en 1948 y Jerusalén quedó bajo control judío en 1967. Es extraño que son estos sucesos en Oriente Próximo que han convencido a muchos cristianos de que estamos en los últimos últimos días. Por cierto, algunos de ellos estaban convencidos de que Jesús volvería en esa generación. Pero él aún no ha venido. Lo importante es mirar en la Biblia, especialmente el Nuevo Testamento. En ningún lado se dice que los sucesos en Israel serían una señal del regreso del Señor. Verifique lo que digo con lo que dice la Biblia, y no deje que los sucesos del último medio siglo en Israel lo confundan, llevándolo a pensar que Jesús está próximo a volver.

Vaya el Nuevo Testamento y averigüe cuáles eran las señales que Jesús dijo que anunciarían su venida. Tenemos que mirar especialmente en Mateo 24, hacer un estudio bíblico del pasaje, y luego podremos tener una mayor seguridad acerca de dónde nos encontramos con relación al diario y la agenda de Dios. He visto muchos anuncios cristianos que muestran un reloj con la aguja a uno o dos minutos de la medianoche, como si este fuera el reloj de Dios y como si ya fuera el tiempo. Toda generación cristiana debe vivir lista para el regreso del Señor, pero eso no significa que llegará en esa generación.

La Biblia es un libro que está lleno de predicciones. Sus páginas contienen 735 predicciones acerca del futuro. Una cuarta parte de los versículos de la Biblia contienen una predicción. Es, en esencia, un libro profético de principio a fin, si bien algunos libros se dedican más a las predicciones que otros. De las 735 predicciones, 596 ya han ocurrido y se han cumplido literalmente según la predicción que estaba en las Escrituras.

Así que, de todas las predicciones que hay en la Biblia, el 81% ya ha ocurrido, y algunas de esas predicciones fueron hechas siglos antes del suceso. No se requiere mucha fe para creer que el 19% restante también ocurrirá. Es una marca muy alta. Ningún astrólogo se ha aproximado a este valor. La Biblia ha demostrado estar 100% correcta para cada predicción que podría haberse cumplido hasta ahora. Del resto, la mayoría tiene que ver con el regreso mismo de Jesús y lo que sigue después. ¿Cuántas de esas predicciones faltan que se cumplan antes que Jesús vuelva? La respuesta es unas veinte, y estoy esperando ver que ocurran esas primero antes de aguardar el regreso del Señor.

Jesús nos dijo que estuviésemos alerta y oráramos. ¿A qué debemos estar alerta? Uno no puede quedarse quieto, mirando las nubes, esperando que aparezca. No es lo que quiso decir. Quiso decir: "Estén alerta a lo que está ocurriendo en el mundo para ver qué señales les he dado para prepararlos". Las señales son indicadores. Permítame agregar una cosa más: las personas quedan demasiado absorbidas por el futuro y empiezan a dibujar gráficos y a prepararle la agenda a Dios, que es algo presuntuoso. Él nos dijo que estuviésemos atentos a ciertas cosas que ocurrirían, y muchas de esas cosas no han ocurrido aún. Con la velocidad de los sucesos mundiales, podría ocurrir bastante rápido, o tal vez no. Debemos vivir como si volviera mañana, pero no debemos esperar que llegue mañana. Creo que las señales que nos dio deben cumplirse primero.

Vayamos entonces a un pasaje muy conocido, Mateo capítulo 24, donde los discípulos preguntan a Jesús: "¿Cuáles serán las señales [o indicadores] de tu venida? ¿Cómo sabremos cuando esté por ocurrir?". Jesús dio una respuesta muy directa y clara. Podemos agradecer a Dios porque le hicieron la pregunta y él les dio una respuesta muy clara. Dio una respuesta más clara y completa en el libro de Apocalipsis, pero aquí da un resumen de las señales que precederán su venida.

Más tarde estaba Jesús sentado en el monte de los Olivos, cuando llegaron los discípulos y le preguntaron en privado: "¿Cuándo sucederá eso, y cuál será la señal de tu venida y del fin del mundo?".

"Tengan cuidado de que nadie los engañe", les advirtió

Jesús. "Vendrán muchos que, usando mi nombre, dirán: 'Yo soy el Cristo', y engañarán a muchos. Ustedes oirán de guerras y de rumores de guerras, pero procuren no alarmarse. Es necesario que eso suceda, pero no será todavía el fin. Se levantará nación contra nación, y reino contra reino. Habrá hambres y terremotos por todas partes. Todo esto será apenas el comienzo de los dolores.

"Entonces los entregarán a ustedes para que los persigan y los maten, y los odiarán todas las naciones por causa de mi nombre. En aquel tiempo muchos se apartarán de la fe; unos a otros se traicionarán y se odiarán; y surgirá un gran número de falsos profetas que engañarán a muchos. Habrá tanta maldad que el amor de muchos se enfriará, pero el que se mantenga firme hasta el fin será salvo. Y este evangelio del reino se predicará en todo el mundo como testimonio a todas las naciones, y entonces vendrá el fin.

"Así que cuando vean en el lugar santo 'el horrible sacrilegio', del que habló el profeta Daniel (el que lee, que lo entienda), los que estén en Judea huyan a las montañas. El que esté en la azotea no baje a llevarse nada de su casa. Y el que esté en el campo no regrese para buscar su capa. ¡Qué terrible será en aquellos días para las que estén embarazadas o amamantando! Oren para que su huida no suceda en invierno ni en sábado. Porque habrá una gran tribulación, como no la ha habido desde el principio del mundo hasta ahora, ni la habrá jamás. Si no se acortaran esos días, nadie sobreviviría, pero por causa de los elegidos se acortarán. Entonces, si alguien les dice a ustedes: '¡Miren, aquí está el Cristo!' o '¡Allí está!', no lo crean. Porque surgirán falsos Cristos y falsos profetas que harán grandes señales y milagros para engañar, de ser posible, aun a los elegidos. Fíjense que se lo he dicho a ustedes de antemano.

"Por eso, si les dicen: '¡Miren que está en el desierto!', no salgan; o: '¡Miren que está en la casa!', no lo crean. Porque así como el relámpago que sale del oriente se ve hasta en el occidente, así será la venida del Hijo del hombre. Donde esté el cadáver, allí se reunirán los buitres.

"Inmediatamente después de la tribulación de aquellos días,

'se oscurecerá el sol
y no brillará más la luna;
las estrellas caerán del cielo
y los cuerpos celestes serán sacudidos'.

"La señal del Hijo del hombre aparecerá en el cielo, y se angustiarán todas las razas de la tierra. Verán al Hijo del hombre venir sobre las nubes del cielo con poder y gran gloria. Y al sonido de la gran trompeta mandará a sus ángeles, y reunirán de los cuatro vientos a los elegidos, de un extremo al otro del cielo.

"Aprendan de la higuera esta lección: Tan pronto como se ponen tiernas sus ramas y brotan sus hojas, ustedes saben que el verano está cerca. Igualmente, cuando vean todas estas cosas, sepan que el tiempo está cerca, a las puertas. Les aseguro que no pasará esta generación hasta que todas estas cosas sucedan. El cielo y la tierra pasarán, pero mis palabras jamás pasarán.

"Pero, en cuanto al día y la hora, nadie lo sabe, ni siquiera los ángeles en el cielo, ni el Hijo, sino solo el Padre".

Mateo 24:3-36 (NVI)

La Biblia es un libro de historia, pero es diferente de cualquier otro libro de historia que uno puede conseguir de una biblioteca pública. La historia de la Biblia comienza en el principio del mundo y termina en el fin del mundo. Ningún otro libro de historia ha sido escrito jamás que cubra una amplitud tan enorme de sucesos en el planeta Tierra, en parte porque no había nadie en el principio para observarlos y registrarlos, de modo que nadie puede escribir autoritativamente acerca del comienzo de nuestro mundo. Dios estuvo ahí, así que es el único que podía escribir lo que ocurrió. El fin del mundo, de hecho, todo el futuro, está oculto en gran parte de nosotros. Podemos hacer conjeturas, pero no podemos decir cómo finalizará el mundo.

Somos las únicas personas en todo el mundo que sabemos cómo finalizará todo. Esto es único. La razón por la que el Señor dijo el futuro a sus discípulos no fue para satisfacer su curiosidad. Fue para prepararlos, para que estuvieran listos para el futuro y no entraran en pánico ni lo malentendieran cuando llegara. Esté agradecido a Jesús porque fue tan sincero con nosotros como para compartir lo que tiene el futuro. En ese pasaje él dio cuatro señales de su venida. De esas cuatro señales, una ya está aquí, y la otras tres, no. Esa es la razón por la que contesto la pregunta: "¿Estamos en los últimos tiempos?" diciendo: "Estamos al principio de los últimos tiempos". Ciertamente no estamos en el medio, y ciertamente no estamos al final, así que no entre en pánico.

¿Cuáles son, entonces, estas cuatro señales que nos dio? Está muy claro que ninguna de ellas está en Israel, salvo la tercera. La primera habla claramente de desastres en el mundo, y menciona, por ejemplo, guerras, hambres y terremotos. Estas cosas están ocurriendo, sin duda, pero han estado sucediendo durante más de dos mil años. Se están volviendo más intensas. Las guerras ahora usan tecnología para que la gente se mate entre sí. Hoy pueden enviarse aviones al aire que son guiados a su destino para dejar caer sus bombas y vuelven sin ningún ser humano a bordo. Esto es algo nuevo en la guerra, gracias a la tecnología.

Las guerras se volverán peores debido a esto. Hay guerras civiles además de guerras internacionales. No ha habido un período de diez años en la historia humana sin una guerra en algún lugar. Cuando uno lee la historia, es una historia de conflictos. Hoy hay más conflictos dentro de una nación que entre naciones. Hubo dos guerras mundiales en el último siglo que involucraron a todo el mundo occidental, pero desde la Segunda Guerra Mundial ha habido más de treinta y seis conflictos internacionales. Si uno cuenta los disturbios y las guerras civiles, el número es aún más elevado. Hay un desfile incesante de guerras.

¿Terremotos? Parece que son cada vez más frecuentes, pero eso es debido a los medios, que cuentan al mundo inmediatamente lo que está ocurriendo. No han aumentado, pero han aumentado los daños y la devastación, porque el mundo está más poblado, y hay más personas viviendo en áreas vulnerables. Así que el número de víctimas de terremotos se ha disparado. Están ocurriendo terremotos incluso en lugares donde no han ocurrido antes; por ejemplo, en el centro de India.

Inglaterra sufre unos veinte o treinta terremotos al año, pero la mayoría son tan leves que muchos ni se dan cuenta. Hay cuadros en la pared que se mueven y varias otras señales. Pero los terremotos no han comenzado a ocurrir recientemente. ¿Hambre? Ha estado con nosotros mucho tiempo, pero se está volviendo cada vez peor. Un sector del mundo se apropia de la mayor parte de la comida y deja al resto hambriento. De modo que no hay duda de que estamos en esta primera señal: ya hay guerras, rumores de guerra, terremotos y hambre.

Jesús dice: "Tengan cuidado de que nadie los engañe". Lo dice vez tras vez, todo el tiempo. Al acercarnos al fin, el peligro es el engaño, tanto dentro como fuera de la iglesia. En este caso, dice, de falsos Cristos, falsos Mesías, personas que se aprovecharán de la turbulencia de los desastres naturales para presentarse como salvadores. Sin duda sufrimos esto también. Hay casos muy conocidos de personas que se han presentado como salvadores, que han llevado a gente a lugares desérticos, y han terminado en desastres, algunos de ellos en suicidios en masa. Hay bastantes Cristos falsos dando vuelta, salvadores falsos, "moonies"[1] que aparecen y dicen ser el libertador prometido de todos nuestros problemas. Cuantos más problemas haya, habrá más falsos liberadores. Pero el consejo de Jesús para nosotros es: "No se alarmen, no dejen que su corazón se preocupe cuando escuchen que surge una nueva guerra, un nuevo desastre o una nueva hambre".

Dijo algo asombroso. Estas son experiencias dolorosas, pero no son dolores de muerte, sino dolores de parto. En consecuencia, cuando lea en los medios acerca de desastres, son los dolores que significan que algo nuevo está por nacer. Esto tendría que cambiar su actitud por completo. Cuando la gente le diga: "No sé adónde va el mundo", usted puede decir: "Yo sí". Vea lo que dicen entonces. No debemos estar alarmados o consternados, no tan angustiados como el mundo estará por estas cosas que ocurren. Los desastres en el mundo son los dolores de parto de un nuevo mundo que nacerá.

Por lo tanto, nos sentimos con una actitud diferente. Nos compadecemos por los que están sufriendo desastres y es de esperar que lo expresemos con ayuda, pero en nuestro corazón no estamos alarmados, sino esperanzados. Estamos mirando a un nuevo nacimiento de un nuevo mundo, así que no estamos desanimados ni deprimidos por todos los problemas del mundo. En pocas palabras, el consejo de Jesús a nosotros sería que no entremos en pánico, que no nos atribulemos, sino que nos regocijemos y digamos: "Estos son las señales de que algo nuevo está pasando".

La segunda señal de su venida no está en el mundo sino en la iglesia. Los desastres en el mundo son la primera señal. Los acontecimientos en la iglesia son la segunda señal. Así como nos dio tres partes para la primera señal —guerras, terremotos y hambre—, nos da tres partes para la segunda señal, todas las cuales ocurren dentro de la iglesia. Son, primero, persecución; seremos odiados en todas las naciones. Esto nunca ha ocurrido aún, pero ocurrirá en la segunda señal. Habrá persecución de la iglesia a nivel mundial; toda nación estará en contra de la iglesia, contra los verdaderos cristianos en todas partes.

La segunda parte de esta señal será una gran reducción en el tamaño de la iglesia. El amor de la mayoría[2] se enfriará. Cuando la presión esté sobre toda la iglesia, habrá muchos cristianos nominales que se irán, y aun muchos cristianos verdaderos. Su amor se enfriará bajo las presiones de la persecución universal. Es una señal muy triste.

La tercera parte de la señal es la gran sorpresa: el evangelio será predicado a todos los grupos étnicos.

He visto estas tres cosas en una escala local en muchos países donde he estado, donde la iglesia es realmente odiada y donde los cristianos nominales, de domingo, se han ido porque no pueden enfrentar la presión, y donde la iglesia ha crecido mediante la evangelización porque la presión ha purificado a la iglesia, y los cristianos que quedan siguen con la tarea que Jesús les dejó para hacer: predican el evangelio.

Por eso la iglesia está creciendo en países donde se encuentra bajo presión, y en países como Inglaterra, donde en el pasado no ha habido mucha presión, está declinando. Es la iglesia que es perseguida la que crece en todo el mundo hoy. La iglesia bajo presión crece en cantidad y en calidad. El evangelio será predicado, que es la tercera parte de la señal. Una iglesia purificada, más pequeña, tendrá un efecto mayor sobre el mundo. Es lo que dice Jesús. Parece contradictorio, pero en mi experiencia de viajar a iglesias en todo el mundo, he visto que ocurre. ¿En qué país está creciendo más rápidamente la iglesia? En China, donde la iglesia ha estado bajo una auténtica presión durante mucho tiempo. Sí, hay cristianos nominales que se han ido, pero los que quedan predican el evangelio, y Dios honra eso.

Esos son tres acontecimientos en la iglesia. ¿Cuál será el gran peligro? El peligro no son los falsos Cristos. Los falsos Mesías no pueden hacer mucho a la iglesia, pero los falsos profetas sí. El peligro de la decepción en todo esto serán los falsos profetas. Sabemos lo que enseñan los falsos profetas. Enseñan paz cuando no hay paz. Su mensaje es de consuelo en vez de desafío. Su mensaje será: "Está bien, no ocurrirá. Todo está bien, todo está perfecto. La iglesia está a salvo". Es una falsa profecía. Es posible que sean responsables de los muchos que se irán de la iglesia en ese momento. Así que tenemos desastres en el mundo, el peligro de la decepción de falsos Mesías y luego, dentro, la iglesia será perseguida, pero estará predicando. Tenemos falsos profetas dando predicciones falsas acerca del futuro para consolar a las personas, para hacerlas sentir felices nuevamente. Es algo que ha comenzado a ocurrir, pero no está ni cerca de la señal que Jesús dio.

Está el peligro de la falsa profecía. El consejo de Jesús ahora es: no se den por vencidos, no cedan a estos falsos profetas. El que persevere hasta el fin será salvo. Ese es el consejo de Jesús a todos los cristianos cuando aparezca la señal, cuando todas las partes de la iglesia sean odiadas por el mundo. ¿Por qué debería ocurrir? La respuesta es que el trigo y la cizaña crecen juntos, y cuanto más se acercan a la madurez, mayor será el conflicto entre ambos. Tiene mucho sentido que hacia el final los cristianos estarán en todas partes bajo una gran presión.

El odio vendrá, porque los cristianos son inadaptados

sociales. No pertenecemos a este mundo. Nuestra ciudadanía está en el cielo. Somos diferentes, y porque somos diferentes vendrá el odio. Jesús fue tan diferente de todos que atrajo odio hacia sí mismo. Y él dijo: "Si soy odiado en el mundo, ustedes también". No es muy lindo ser odiado.

Eso nos lleva a la tercera señal del fin de los tiempos, que es la aflicción en Jerusalén. Estará ubicado de manera muy precisa geográficamente. Aquí Jesús cita las predicciones de Daniel, y hay una figura en las profecías de Daniel que es llamado "el horrible sacrilegio". Tres veces lo menciona Daniel. ¿A qué se refiere? ¿De qué se trata? Se trata de un ser humano, un hombre, que se establece en la ciudad misma de Dios y que se llama a sí mismo "Dios", que no reconocerá la voluntad de nadie aparte de la suya. Un dictador cuya llegada afectará a todo el mundo, pero que estará basado en Jerusalén, en la ciudad de Dios, en el lugar santo.

Esta predicción espantosa ya se cumplió una vez, alrededor de 160 a.C., en un hombre que fue uno de los descendientes de Alejandro Magno, un griego llamado Antíoco Epífanes. Invadió Jerusalén e hizo cosas terribles que llevaron a Judas el macabeo a liderar una revolución en contra de él. ¿Qué hizo Antíoco Epífanes? Se metió en el templo judío y sacrificó un cerdo sobre el altar, sabiendo perfectamente bien que nada podría ser más ofensivo a los judíos. Sacrificar un animal impuro en el templo más sagrado era el mayor de los insultos. Luego llenó los salones del templo con prostitutas y alentó a las personas a ir y participar de ritos paganos, que estaban centrados en el sexo ilícito.

Hizo muchas otras cosas. Construyó un estadio enorme en Jerusalén donde pudieran realizarse juegos desnudos (la gimnasia griega era toda hecha completamente desnudos). Todo lo que hacía empeoraba las cosas. Ocupó Jerusalén durante exactamente tres años y medio. Este número pasará a ser muy importante cuando se cumpla ese suceso por segunda vez. Es interesante que el libro de Apocalipsis ha definido tres veces la Gran Aflicción o la Gran Tribulación, cuando las aflicciones para la iglesia alcanzan un clímax. Tres veces en Apocalipsis habla acerca de un tiempo, tiempos y medio tiempo, que significa tres tiempos y medio. Luego lo define como 42 meses, que son tres años y medio, y luego lo define como 1260 días, que vuelve a ser lo mismo. ¿Cuántas veces Dios tiene que decir los mismo de diferentes formas para que lo entendamos?

Jesús no dijo en realidad ninguna de esas cosas aquí. Pero lo que sí dijo es que a menos que el tiempo fuera abreviado nadie sobreviviría, lo cual significa que tres años y medio es justo el largo suficiente para que los verdaderos cristianos sobrevivan, a menos que sean martirizados. Muchos serán martirizados en ese tiempo, pero el cristiano fiel podrá decirse a sí mismo: "Bueno, solo serán tres años y medio" y soportarlo. Ahora bien, dado que el centro de todo esto será una dictadura en Jerusalén, hay una clara advertencia al pueblo de Dios que viva en Judea de que salga de allí cuanto antes. Está hablando de la figura que en otra parte Juan llama "el anticristo", y que Pablo menciona como "el hombre de maldad". Son títulos diferentes que se le dan, pero todos se refieren al mismo dictador espantoso que gobernará durante siete años en Jerusalén.

Los primeros tres años y medio serán recibidos bien por el mundo porque serán buenos. Traerán paz y seguridad. Ese será su mensaje: "Yo los mantendré seguros y en paz". El mundo recibirá bien esa promesa. Recién en la mitad de los siete años su gobierno cambiará, como ha ocurrido con cada dictador del mundo. Nerón hizo cosas buenas para los romanos en la primera parte de su reinado, pero luego el poder lo corrompió y se convirtió en el perseguidor de los cristianos. Es algo que sabemos. El nombre Nerón ha pasado a los anales de la historia como un dictador malo.

Ocurrió con Hitler, que hizo cosas muy buenas para Alemania cuando llegó al poder. Dijo: "Quiero que todos tenga un coche", e hizo que un hombre llamado Porsche diseñara un coche popular, un "Volkswagen", que tal vez conozcan. Era un coche admirable. Refrigerado por aire, podía ir por cualquier parte en el mundo. Fueron construidos millones más tarde. Fue el primer constructor de rutas en hacer caminos para un auto popular. Las autopistas alemanas son excelentes. Los sacó de un desastre financiero. Uno tenía que llevar una carretilla de marcos para comprar una hogaza de pan. Así de grande era la inflación en Alemania. Puso la inflación bajo control y la gente pudo volver a tener dinero de verdad.

Pero todo eso queda en el olvido, porque el poder lo corrompió y se convirtió en un dictador que destruyó a millones de personas. Es lo que ocurrirá con el anticristo. En los primeros tres años y medio, según mi entendimiento del Nuevo Testamento, ofrecerá paz y seguridad. Dado que la paz mundial parece girar alrededor del Oriente Próximo, es una especie de zona de peligro. Traerá paz y seguridad primero en ese lugar, y luego al mundo. El mundo caerá en la trampa, y alrededor de la mitad de su gobierno, el poder lo corromperá y habrá más angustia, más aflicción que el mundo haya visto antes. Será durante tres años y medio, 42 meses, 1260 días.

Jesús lo predice cuando dice: "Si viven en Judea, salgan rápidamente. No se queden para empacar siquiera. Oren para que no sea el día de reposo". En ese día no habrá transporte público. Piense especialmente en las mujeres que están dando de mamar o las embarazadas, porque todos tendrán que salir, alejarse rápidamente del centro de este tiempo terrible. Luego dice: "Por ustedes, recuerden que será mantenido breve, y no aflojen". Pero también dice: "Ahora el gran peligro serán los falsos Cristos y los falsos profetas…"

Advirtió: "Habrá rumores, pero no les presten atención".

Dice que usemos nuestros ojos, no nuestros oídos. Que estemos alerta por la señal final y que no nos movamos de donde estamos. Escucharán rumores de que ha venido Cristo, y la gente irá de un lado a otro buscándolo, porque no han escuchado a los maestros y los rumores se han difundido.

Es extraño, pero hemos entrado en un estado en que los cristianos de todo el mundo están diciendo: "¿Dónde está Dios?".

"Ah, está en Toronto". La gente estaba gastando todo su dinero para comprar pasajes a Toronto para encontrar a Dios. Luego se desplazó un poco hacia el sur, a otro lugar: Pensacola. "Ah, ¿dónde está Dios ahora? ¡Vayamos a Pensacola a encontrarlo!".

Me temo que los cristianos tienen una tendencia a correr por todo el mundo cada vez que escuchan: "Dios está ahí".

Pero puede encontrarlo *aquí*. No tiene que dar media vuelta al mundo al último lugar donde han surgido ciertos fenómenos. Por favor no piense que tiene viajar por todo el mundo para encontrar a Dios. Es trágico, pero nos hemos metido en esa obsesión.

Note, también, que para la tercera señal hay dos cosas que no han ocurrido. Primero, Cristo aún no ha vuelto, no importa los rumores que escuche; y habrá rumores. No los escuche. No salga de donde está, quédese donde está. Es la tercera señal, pero aún no es el momento. La otra cosa que quiero que note con cuidado es que los cristianos no se han ido todavía. Esto es muy importante. Hay una falsa enseñanza que ha cautivado a miles de cristianos en todo el mundo. Ha sido exportado principalmente desde Estados Unidos, pero fue exportado primero desde Gran Bretaña a Estados Unidos alrededor del año 1830. Era la idea de que, antes de la Gran Aflicción, Cristo vendría en secreto y sacaría a los cristianos del mundo antes que ocurrieran estas cosas. Pero no encuentro ninguna traza de esto en estas señales. ¿Usted? Jesús dice: "No se muevan de donde están". Él no viene para sacarnos del mundo antes de la Gran Aflicción. No hay una sola afirmación clara en el Nuevo Testamento en este sentido. Ha sido construido sobre una serie de deducciones lógicas de las escrituras usando la razón humana. Si quiere conocer todas esas razones, consiga mi libro *Cuando vuelva Jesús*. Una cuarta parte de ese libro está dedicada a siete argumentos que dicen que Jesús nos sacará del mundo antes que llegue la Gran Aflicción. Son todas deducciones lógicas humanas de las escrituras. Pero ninguna está realmente en las escrituras, que es la razón por la que nunca he podido encontrarla. El estudio de los últimos tiempos se denomina "escatología", pero yo denomino esa visión "escapología", la idea de que todos escaparemos a la Gran Aflicción. No se lo trague. Use sus ojos para estar alerta a las señales que Jesús nos dio. No use sus oídos para escuchar rumores, ni siquiera una enseñanza que lo engañe con relación a la clara Palabra de la escritura.

Jesús nos da una advertencia sobre los falsos profetas y los falsos mesías. Los falsos profetas traerán señales y maravillas. Esto engañará a muchas personas, porque el diablo puede producir milagros. Hay poderes demoníacos a nuestro alrededor. Necesitaremos discernimiento en los últimos tiempos, tanto como cualquier otro don del Espíritu, para discernir si las señales y maravillas son divinas o demoníacas. Serán una cosa u otra. El anticristo estará acompañado por una figura religiosa, un falso profeta que respaldará al anticristo realizando señales y maravillas. Jesús nos advierte que no seamos engañados por ministerios que tienen señales y maravillas. Discierna si son realmente de Dios. Incluso, me atrevo a decir, si realmente ocurren. Puede parecer que están ocurriendo, pero no están. No se deje engañar. Una vez más, está esta advertencia: "No se dejen engañar". Es como si, en los últimos tiempos, cuando venga la confrontación final entre el reino de Dios y el reino de Satanás, entre el trigo y la cizaña, el mayor peligro para los cristianos será ser engañados. La decepción es siempre una sutil mezcla de verdad y error. Usted no será engañado por mentiras; será engañado por medias verdades. Es ahí que cuando uno debe mantenerse estrictamente con la Palabra de Dios.

Si usted está preocupado por lo que estoy diciendo, entonces lo mejor que puede hacer para estar listo es conocer toda la Palabra de Dios. Es un balasto en el barco, lo mantiene firme, y usted tendrá un mejor discernimiento de lo que está ocurriendo cuando conozca realmente toda la Biblia. Ese es el sentido de leerla una y otra vez hasta que su perspectiva se vea modelada por ella. Es la mejor protección que recomiendo.

Corrie ten Boom tuvo una experiencia terrible. Su familia ocultó a judíos de los alemanes en una pared falsa. He estado en su casa y he visto esa pared. Solo quedaba un espacio pequeño. Los judíos que estaban escondidos se acurrucaban en ese espacio angosto en el fondo de un armario. Corrie escondió los judíos porque su padre era un gran cristiano que creía sólidamente en la Palabra de Dios. Pero luego fueron traicionados por un amigo, y los alemanes fueron y encontraron a los judíos escondidos. Corrie y su hermana, por cierto, toda la familia, fueron llevados a campos de concentración. La única que sobrevivió fue Corrie. Tuvo una experiencia asombrosa en ese lugar. Estaba con su hermana, que tenía una enfermedad que requería cierto remedio cada día. Aun cuando fue desnudada por completo, Corrie logró traer una botella con el remedio para su hermana. Le daba una dosis cada día y mantuvo a su hermana viva. Pero encontró que en la misma choza había varias otras personas que sufrían de la misma enfermedad, y ella tenía el remedio suficiente solo para su hermana. ¿Qué debía hacer como cristiana? Decidió dar el remedio a todos los que estaban sufriendo. Era solo una botellita. Lo compartió toda una semana, luego otra semana, y todo un mes, otro mes, y otro mes, y al compartirla la botella nunca estuvo vacía y el remedio se multiplicó. ¿No es hermoso? Con el tiempo su hermana murió y ella fue la única de la familia que quedó.

Después que la liberaron, viajó por todo el mundo como lo que ella denomina "una vagabunda para el Señor", y compartió su testimonio. Un día notó al fondo del público al que estaba hablando el oficial del campo de concentración que la había tratado cruelmente, a ella y a los demás. Sintió que no podía hablar a ese hombre, que debía salir de la reunión lo más rápido posible después de hablar. Pero Dios le dijo que fuera al hombre, que le diera la mano y que lo perdonara. Una hermosa mujer.

Fue a China y encontró a muchísimos cristianos ahí que estaban sufriendo terriblemente, a los que misioneros estadounidenses habían enseñado que Dios los sacaría del mundo antes que comenzara la Gran Aflicción. Estaban experimentando ahora la Gran Tribulación en una escala local, y era duro. Corrie ten Boom se propuso entonces que viajaría por el mundo preparando a los cristianos para la Gran Aflicción, y fue lo que hizo. Dijo: "Me estoy preparando para la Gran Aflicción aprendiendo la Biblia y almacenando la Palabra de Dios en mi corazón". La Gran Aflicción le llegó personalmente. Tuvo una apoplejía terrible, que la dejó totalmente paralizada, sin poder comunicarse. Perdió todos sus sentidos y estuvo en un estado comatoso durante los últimos años de su vida. Me enteré solo después que murió que había dos cosas que le llegaban. Una era su sobrino, Peter van Woerden, tocando el violín. Si usted ha leído su historia, sabrá que él era el niño que tuvo que vestirse de niña para pasar en bicicleta frente a los alemanes. Este hombre hermoso tocó el violín mientras estaba en coma, y ella se movía y respondía a la música. Pasó horas tocando el violín en su casa a orillas del lago de Ginebra.

La única otra cosa a la que respondía ella en esos años finales —y es un gran honor para mí— eran las cintas de mis enseñanzas sobre la Biblia. No lo sabía en el momento, pero se la hacían escuchar durante horas. Ella mostraba alguna respuesta, porque había guardado la Palabra de Dios en su corazón. Fue su viaje a China que le mostró lo engañoso que era esta enseñanza sobre el Rapto, que los cristianos no necesitaban prepararse para la Gran Aflicción.

Prefiero estar equivocado de mi forma que en la otra forma. Prefiero decir a la gente que esté lista y encontrar que no tienen que hacerlo que decirle que no pasarán por la aflicción y encontrar que la pasarán. Realmente estaría sobre mi conciencia. Creo que el Nuevo Testamento es claro. Jesús dijo: "Estén alerta a estas señales". Y está es la señal número tres. El problema es que cuando hay un cadáver, los buitres se reunirán. Lo que quiere decir realmente es que cuando estos desastres vengan habrá muchas personas intentando sacar provecho de esto. Así que tenga cuidado y esté alerta.

Luego Jesús dijo que la cuarta señal de su venida vendrá inmediatamente después. Así que sabremos cuando él viene. Estaremos listos. Cuando esos tres años y medio de gran aflicción finalicen, la señal que siga vendrá inmediatamente. Cuando llegue esa señal no habrá peligro de falsos profetas y falsos mesías. No habrá decepción, porque será demasiado rápido. Lo que ocurrirá es que toda la luz natural será apagada. El sol se oscurecerá. Las estrellas caerán. Hay muchas predicciones de esto a lo largo de toda la Biblia. Isaías lo predice: "Se enrollará el cielo como un pergamino". Toda la luz desaparecerá, lo cual dejará al mundo en completa oscuridad aparte de la luz artificial. Las personas se preguntarán: "¿Qué está ocurriendo? ¿Qué pasa?". Los cristianos dirán: "¡Es esto! ¡Prepárense! Hemos llegado a la última señal".

De niño me llevaron al Teatro Real en Newcastle on Tyne. Fue mi primera pantomima, mi primera visita a un teatro. Estaba muy excitado. Estábamos sentados, esperando, y las luces del teatro comenzaron a apagarse, una tras otra, hasta que estábamos todos sentados en la oscuridad. Lo recuerdo vívidamente. Mi pequeño corazón estaba latiendo: "Es tan emocionante, comenzará en cualquier momento ahora". Luego se corrieron las cortinas y dejaron ver un escenario iluminado brillantemente. Ahí estaba el héroe, en el centro del escenario, con personas alrededor de él. Todo fue apasionante de ahí en adelante. Es exactamente lo que ocurrirá. Todo el mundo estará en oscuridad y todo estará por comenzar. Jesús luego dijo: "Cuando vean todas estas cosas…" Uno sabe que él está a la puerta, a punto de entrar, a volver a entrar en el escenario de la historia. Comienza con un relámpago del este al oeste. Todo el mundo será iluminado por un relámpago. Habrá una luz nítida, repentina y sobrenatural del este al oeste. Será un viento húmedo, no seco. Aquí le estoy dando el pronóstico del clima para el día que vuelva Jesús. Pero no habrá nubes a menos que el viento tenga cierta dirección. Él vendrá en las nubes. Él hace de las nubes sus carrozas. Volverá exactamente de la misma forma que partió. He dicho a algunas personas que la tumba de mi abuelo tiene una lápida que dice: "David Ledger Pawson". Tomo mi nombre de él. Tiene su nombre y la fecha de su muerte (in 1934, cuando solo tenía cuatro años, así que apenas lo conocí. Era un verdadero predicador.) Debajo hay tres palabras: *"What a meeting!"* (¡Qué reunión!). No es una cita de la Biblia, sino de un viejo himno metodista, porque él era un pastor metodista. Es un himno acerca de la segunda venida, porque todos nos reuniremos con él, su primer vuelo gratuito a la Tierra Santa. Su pueblo será reunido de todo el mundo para encontrarse con él en el aire; ese es el rapto. Esa palabra viene de la vieja traducción en latín de 1 Tesalonicenses 4: "Todos seremos arrebatados para encontrarnos con él en el aire". El verbo en latín para "arrebatar" es *rapto*, de donde obtenemos nuestra palabra "rapto", como cuando uno es arrebatado por los sentimientos. Así que la palabra "rapto" es correcta, pero la teología construida alrededor de "el rapto" cree que ocurrirá antes de la Gran Aflicción. Pero Jesús no volverá dos veces. En mi Nuevo Testamento él vuelve una sola vez. Es ahí cuando ocurrirá el rapto y seremos arrebatados para encontrarnos con él. Es ahí cuando dejaremos la situación en la que estemos y seremos tomados con él en el aire.

La última señal justo antes que ocurra esto es que el sol, las estrellas y la luna dejarán de brillar. Dios apaga las luces en el cielo para prepararse para el resplandor de luz del relámpago que anunciará su retorno. Luego Jesús viene en las nubes de vuelta al planeta Tierra, y nos encontraremos con él. Dado que habrá una multitud bastante grande no nos reuniremos en un estadio terrestre; no hay uno suficientemente grande. Nos reuniremos en el aire, donde hay lugar suficiente. ¿No es una perspectiva emocionante? No es una especulación. Es la verdad.

Hay cuatro señales, y él dice: "Cuando vean todas estas cosas sabrán que está a la puerta, a punto de hacer su entrada". Luego hace una afirmación sencilla sobre una higuera, y es aquí donde muchos cristianos se han equivocado. Él dice: "Cuando vean las higueras y las ramas tiernas y las hojas apareciendo, saben que llega el verano". Dice que cuando veamos que ocurren todas estas cosas sabremos que ha llegado el momento. Ahora bien, esa analogía de la higuera no es una alegoría. Es una analogía muy simple de la experiencia cotidiana, como hacía Jesús frecuentemente en su enseñanza. Uno ve que la higuera hace esto, dice que el verano viene, y vendrá. De la misma forma, cuando uno ve estas cuatro señales sabe que llega el verano. Lamentablemente, las personas lo han leído como una alegoría. Dicen, correctamente, que en el Antiguo Testamento Israel es comparada con una higuera. Entonces lo introducen en el versículo y dicen: "Cuando uno vea a Israel floreciendo", y de esa forma incorporan a Israel en las señales de su venida.

Pero incorporan a Israel en un lugar completamente incorrecto. Si Israel fuera mencionado sería mucho antes, entre las cuatro señales. Pero viene luego del cielo oscurecido y el regreso de Cristo. No es Israel en absoluto. Mi prueba para esto es muy sencilla. En Lucas 21 hay una versión diferente y más completa de esta afirmación. Lucas ha recordado todo lo que dijo Jesús, y dice: "Cuando vean la higuera y los demás árboles floreciendo, saben que él está cerca".

Es muy diferente. ¿Qué son "los demás árboles"? Muy sencillamente, los demás árboles. La higuera es el primer árbol en florecer, y muy rápidamente todos los demás árboles siguen en Israel. Lucas ha registrado la versión completa. Esto no significa que Mateo lo ha registrado mal. No lo hizo. Él recordó la higuera, y eso es lo importante. Siguen siendo verdadero "cuando vean que florece la higuera", pero no está diciendo "cuando vean florecer a Israel". Sin embargo, me encuentro con cientos de cristianos que me dicen que esto se refiere a Israel, y que el florecimiento de Israel es la señal de que Cristo viene. Esto ha llevado a muchos a decir: "Debemos estar en los últimos tiempos de todos", y esperan que Cristo dé la vuelta a la esquina mañana. Ha producido pánico es algunas personas.

La venida del Hijo del hombre será como en tiempos de Noé. Porque en los días antes del diluvio comían, bebían y se casaban y daban en casamiento, hasta el día en que Noé entró en el arca; y no supieron nada de lo que sucedería hasta que llegó el diluvio y se los llevó a todos. Así será en la venida del Hijo del hombre. Estarán dos hombres en el campo: uno será llevado y el otro será dejado. Dos mujeres estarán moliendo: una será llevada y la otra será dejada.

Por lo tanto, manténganse despiertos, porque no saben qué día vendrá su Señor. Pero entiendan esto: Si un dueño de casa supiera a qué hora de la noche va a llegar el ladrón, se mantendría despierto para no dejarlo forzar la entrada. Por eso también ustedes deben estar preparados, porque el Hijo del hombre vendrá cuando menos lo esperen.

¿Quién es el siervo fiel y prudente a quien su señor ha dejado encargado de los sirvientes para darles la comida a su debido tiempo? Dichoso el siervo cuando su señor, al regresar, lo encuentra cumpliendo con su deber. Les aseguro que lo pondrá a cargo de todos sus bienes. Pero ¿qué tal si ese siervo malo se pone a pensar: "Mi señor se está demorando", y luego comienza a golpear a sus compañeros, y a comer y beber con los borrachos? El día en que el siervo menos lo espere y a la hora menos pensada, el señor volverá. Lo castigará severamente y le impondrá la condena que reciben los hipócritas. Y habrá llanto y rechinar de dientes.

Mateo 24:37-51 (NVI)

En el resto de este sermón Jesús cuenta tres parábolas. Está la parábola de las jóvenes solteras prudentes y las insensatas, las jóvenes prudentes cuyas lámparas seguían ardiendo cuando llegó el novio y las damas de honor insensatas cuyas lámparas se habían apagado. Ellas se habían ido para tratar de conseguir algo de aceite y se perdieron la llegada del novio, así que fueron dejadas afuera de la boda. Luego contó la parábola de las monedas y habló de que algunos recibieron cinco mil monedas, algunos dos mil y algunos mil. El amo se fue y cuando volvió preguntó: "Ahora, ¿qué hicieron con las monedas que les dejé?". El hombre con cinco mil dijo: "Conseguí cinco mil más". El hombre con dos mil dijo: "Tengo otros dos mil". El hombre con mil dijo: "No he hecho nada con las monedas. Las enterré porque sé que usted es un hombre duro y cosecha donde no sembró y quiere dinero de mí". ¡Qué cosa terrible que dijo! Vemos lo que dijo Jesús y lo que el amo le dijo al hombre.

El pasaje final no es una parábola, sino una predicción directa, que incluye una analogía entre las ovejas y las cabras. Si usted va a Israel, verá que las ovejas y las cabras pastan juntas. Las cabras son negras y las ovejas son blancas, y son fácilmente reconocibles. Cuando llega la noche, como las ovejas no son tan robustas como las cabras, el pastor, cuando se pone el sol, las divide y pone a las ovejas en un recinto amurallado, un redil para ovejas, y deja a las cabras afuera, porque pueden soportar el frío y el clima malo. Es muy vívido en Israel. Uno ve la Biblia frente a sus propios ojos.

Terminó esa parábola hablando de dividir naciones, a todos, y diciéndoles por qué los dividía, porque a su mano izquierda están los que ignoraron a Cristo en los cristianos. En la medida que no ayudaron al menor de ellos, sus hermanos, no lo estaban haciendo para él. Pero a las personas a su derecha les dijo: "Ustedes vieron a Cristo en mis hermanos, y en la medida que lo hicieron al menor de estos, mis hermanos, lo hicieron a mí". No está dividiendo a personas entre los que hicieron obras filantrópicas y los que no lo hicieron. La clave es el significado de la palabra "hermanos". Cuando Cristo decía "hermanos" siempre se refería a sus propios seguidores. "Ve y diles a mis hermanos que he resucitado". En la enseñanza de Jesús, la palabra "hermanos" es clave. Significa "los que me siguen". Está diciendo simplemente: "Lo que ustedes hayan hecho a cristianos —o no hayan hecho a ellos— fue hecho a mí o para mí —o no para mí´. Su actitud hacia Cristo está revelada en su actitud hacia los cristianos, y ese es el principio mediante el cual son divididos.

Ahora consideremos todo lo que hemos visto en el pasaje. Primero, hay una advertencia de que nadie tiene la agenda de Dios, que ni siquiera Jesús conocía la fecha de su regreso. Los ángeles no lo sabían, y ningún hombre la conocía. Debemos tener una ignorancia saludable de la fecha de su regreso. Cuando estemos más cerca del tiempo, al estar alertas a las señales, sabremos. Pero no sé al momento cuándo volverá, porque no todas las señales han aparecido. Estoy alerta por ellas. La primera señal está clara, la segunda se está volviendo clara, la tercera no ha ocurrido y la cuarta sin duda no ha ocurrido. De modo que no sé si estoy en los últimos días de todos o no. No puedo predicar eso, así que me temo que no uso la expresión "últimos días" en mi predicación, porque creo que transmite la impresión de que estamos en la última generación, y que en cualquier momento lo veremos. Si yo creyera eso, ciertamente yo sería diferente.

Esto me lleva al segundo punto importante. ¿Notó que en la parábola de la casa (Mateo 24: 45-51) de las jóvenes solteras y la parábola de las monedas, aparece una frase en cada una? El siervo malo dice "Mi señor se está demorando", el novio "tardaba en llegar" y la persona que entregó las monedas volvió "después de mucho tiempo". La verdadera prueba de que uno está listo para Cristo cuando vuelva no es lo que esté haciendo cuando regrese. No es lo que uno hace en los tres años y medios últimos, cuando sabe que volverá. Es lo que hace ahora, cuando se ha ido mucho tiempo: si ha sido un siervo fiel, si ha mantenido la lámpara encendida y si está usando los talentos que le dio. Esa es la verdadera prueba. Porque cuando vuelva no está interesado en lo que haga en ese momento. Si usted está recién empezando a arreglar las cosas y a vivir la vida cristiana en ese momento, o aun en los últimos tres años y medio, él quiere decir que usted no está listo para su llegada. Lo que él está buscando es su fidelidad cuando estuvo ausente mucho tiempo. Es eso lo que quiere. Él dirá a los que se han mantenido fieles todo el tiempo que estuvo ausente: "Bien hecho, buen y fiel siervo. Entra en el gozo de tu Señor". Hay una recompensa ahí.

El dueño de casa volvió y encontró al siervo fiel que había estado cuidando la comida y los otros siervos. Habló al mal siervo quien, porque el amo estuvo afuera mucho tiempo comenzó a desviarse, y comenzó a comer y beber con borrachos, y a golpear a los demás siervos diciendo: "Está bien, no volverá en mucho tiempo". Cortará a esa persona en pedazos y le asignará un lugar con los hipócritas, donde habrá lloro y crujir de dientes. Ese es el idioma que Jesús siempre usaba para el infierno. Ese hombre había sido un siervo en la casa de Dios y termina en el infierno. Este es, nuevamente, un pasaje que me dice que la expresión "una vez salvo, siempre salvo" no es verdad. Era un siervo del Señor y terminó ahí. Yo temo ir al infierno. Soy un cristiano y estoy sirviendo al Señor, pero sigo temiendo el infierno, porque la mayoría de las advertencias de Jesús sobre el infierno fueron dadas a creyentes nacidos de nuevo. Habiendo predicado a otros, yo no quiero ser descalificado.

Note las diez jóvenes solteras prudentes y sensatas. Solo

para alivianar las cosas, había un predicador en Londres que hizo una pregunta retórica a su congregación. Señalando a la galería en la parte superior de la iglesia, dijo: "Ustedes, jóvenes, en la galería, ¿dónde preferirían pasar la eternidad? ¿Con las jóvenes solteras prudentes en la luz o las jóvenes solteras insensatas en la oscuridad?". Obtuvo una respuesta unánime de los jóvenes en la galería, y lo hicieron en voz alta. ¡Uno tiene que tener cuidado cuando hace preguntas retóricas!

Para ser serios, todas estas damas de honor habían sido invitadas a la boda y estaban listas para ir, habían aceptado la invitación, y ahora la mitad de ellas habían quedado afuera, en la oscuridad. Es una parábola seria. La pregunta no es: ¿es usted una dama de honor del Novio? No es: ¿forma parte usted de la Esposa de Cristo? No es: ¿ha estado ardiendo la lámpara previamente? La pregunta es: ¿estará su lámpara ardiendo aún cuando él vuelva? Es una pregunta importante. No se trata de si usted fue convertido veinte o treinta años atrás. Es: ¿aún está ardiendo para el Señor? ¿Aún sigue siendo una luz que brilla para él? No importa realmente lo que ocurrió veinte años atrás. ¿Sigue estando listo usted?

En la parábola de las monedas, es muy interesante que el hombre que tenía solo mil monedas las enterró. Algunos cristianos miran a otros cristianos con más talentos que los que tienen ellos y entierran su talento. Tal vez tenga un solo don para cuidar, pero lo entierran porque otros tienen más. Cuando venga Cristo, no le importarán todas las demás personas. Le preguntará a usted: "¿Qué hiciste con lo que te di? ¿Obtuve algún interés?". Dijo a este hombre: "Por lo menos podrías haberlo puesto en el banco, y habría tenido algún interés".

Es un comentario interesante de Jesús, sobre la inversión, pero lo que está diciendo es: "¿Qué estás haciendo? Sí, tal vez te di un solo don, pero esperaba que lo usaras.

Esperaba una ganancia de ese don". El hombre con un don dijo: "Eres un hombre duro. Esperas cosechar donde no sembraste. Esperas que produzcamos intereses para ti". ¡Qué queja extraordinaria! Su amo respondió: "Siervo malvado y holgazán. ¿Así que sabías que cosecho donde no he sembrado y recojo donde no he esparcido semillas? Bueno, entonces tendrías que haber puesto mi dinero en un depósito con los banqueros, de modo que, cuando volviera, lo pudiera haber recibido de vuelta con interés. Tomen sus mil monedas y dénselo al que tiene las cinco mil monedas, porque a todo el que tiene se le dará más, y tendrá en abundancia. Pero el que no tenga [con el significado que no tiene nada que mostrarme de lo que ha hecho], aun lo que tenga se le quitará. Y arrojen a ese siervo inútil afuera, en la oscuridad, donde habrá lloro y crujir de dientes".

Aquí tenemos a una persona creyente a la que se la ha dado un talento para que sea usado para el Señor, y que no ha hecho nada con él y no tiene nada que mostrar para ese talento. El final es el infierno. Cada vez que Jesús habla de la oscuridad y el lloro y el crujir de dientes está hablando del infierno. De nuevo, aquí hay un creyente que termina en el infierno porque no usó el don que se le había dado de modo que Jesús obtuviera algún beneficio por haberlo invertido. Estas son todas cosas serias. Significa muy sencillamente que, cuando vuelva Jesús, habrá una separación de las personas en la iglesia, en el reino. Habrá señales antes que vuelva, pero cuando vuelva habrá una separación entre creyentes, entre los que están listos para su regreso habiendo sido fieles durante el largo tiempo que estuvo ausente. No lo puedo expresar de una manera más sencilla. Algunos recibirán una bienvenida y se les dará más responsabilidad como recompensa, y serán puestos a cargo de toda la casa. Dice en una parábola: "Y a otros pondré a cargo de diez ciudades ahora". Cuando Jesús vuelva lo recompensará con más trabajo. ¿No es apasionante? Bueno, si no le gusta trabajar, no se entusiasmará.

Había un científico brillante que trabajó durante años en un viejo galpón bajo condiciones duras para hacer un descubrimiento que beneficiaría a la humanidad. Después de años de trabajar bajo estas malas condiciones en su galpón, descubrió lo que nos ha beneficiado a todos. Como recompensa, el estado le construyó un nuevo laboratorio con todas las comodidades y todos los aparatos que podría desear. Dijeron: "Esta es su recompensa por hacer ese descubrimiento bajo esas malas condiciones". Cristo dice: "Has sido fiel. Aquí tienes más. Has sido bueno cuidando poco. Aquí tienes más". Las personas que han sido fieles cuidando un poco de dinero para Jesús recibirán más dinero. No para gastar, sino para usar para él.

Voy a suponer por un momento que usted es un cristiano. No significa que esté a salvo. Habrá esa separación en su venida entre los fieles que han seguido haciendo lo que les dejó para hacer, no importa cuánto se haya demorado su venida, que han recordado cada día que volverá y que han mantenido el trabajo y han soportado el sufrimiento y han sido siervos buenos y fieles, y los que, como no ha vuelto rápidamente, han caído en malos caminos, se han emborrachado con otros, su lámpara se ha apagado y ya no brillan para Jesús y han enterrado sus talentos. Jesús separará esos dos grupos. La Biblia lo llama el tribunal de Cristo. Pablo se refiere a esto en 2 Corintios 5. Dice: "Es necesario que todos comparezcamos" [está hablando a cristianos] "ante el tribunal de Cristo, para que cada uno reciba lo que le corresponda, según lo bueno o malo que haya hecho mientras vivió en el cuerpo". Los cristianos comparecerán ante un tribunal y podrían terminar en el infierno. Espero que, cuando llegue ese día, usted esté del lado correcto. De eso se trata todo. Yo no enseño acerca de la segunda venida para satisfacer la curiosidad de la gente acerca del futuro, sino para que la gente esté lista para el día cuando vuelva el Señor.

Notas
[1] Forma de denominar a los seguidores de la Iglesia de la Unificación.
[2] "la mayoría" (NIV inglesa), "muchos" (NVI)

ACERCA DE DAVID PAWSON

David es un orador y autor con una fidelidad intransigente a las Sagradas Escrituras, que trae claridad y un mensaje de urgencia a los cristianos para que descubran los tesoros ocultos en la Palabra de Dios.

Nació en Inglaterra en 1930, y comenzó su carrera con un título en Agricultura de la Universidad de Durham. Cuando Dios intervino y los llamó al ministerio, completó una maestría en Teología en la Universidad de Cambridge y sirvió como capellán en la Real Fuerza Aérea durante tres años. Pasó a pastorear varias iglesias, incluyendo Millmead Centre, en Guildford, que se convirtió en modelo para muchos líderes de iglesia del Reino Unido. En 1979 el Señor lo llevó a un ministerio internacional. Su actual ministerio itinerante está dirigido principalmente a líderes de iglesia. David y su esposa Enid viven actualmente en el condado de Hampshire, Inglaterra.

A lo largo de los años ha escrito una gran cantidad de libros, folletos y notas de lectura diarias. Sus extensas y muy accesibles reseñas de los libros de la Biblia han sido publicadas y grabadas en "*Unlocking the Bible*" (*Abramos la Biblia*). Se han distribuido millones de copias de sus enseñanzas en más de 120 países, proveyendo un sólido fundamento bíblico.

Es considerado como "el predicador occidental más influyente de China" a través de la transmisión de su exitosa serie "*Unlocking the Bible*" a cada provincia de China por Good TV. En el Reino Unido, las enseñanzas de David se transmiten habitualmente por Revelation TV.

Incontables creyentes de todo el mundo se han beneficiado también de su generosa decisión en 2011 de poner a disposición sin cargo su extensa biblioteca audiovisual de enseñanza en www.davidpawson.org. Hemos cargado también hace poco todos los videos de David a un canal dedicado en **www.youtube.com**

LA SERIE EXPLICANDO
VERDADES BIBLICAS EXPLICADAS SENCILLAMENTE

Si usted ha sido bendecido al leer, ver o escuchar este libro, hay más disponibles en la serie. Por favor regístrese y descargue más libritos visitando **www.explicandoverdadesbiblicas.com**

Otros libritos en la serie *Explicando* incluirán:
La historia asombrosa de Jesús
La unción y la llenura del Espíritu Santo
La resurrección: *El corazón del cristianismo*
El estudio de la Biblia
El bautismo del Nuevo Testamento
Cómo estudiar un libro de la Biblia: Judas
Los pasos fundamentales para llegar a ser un cristiano
Lo que la Biblia dice sobre el dinero
Lo que la Biblia dice sobre el trabajo
Gracia: *¿Favor inmerecido, fuerza irresistible o perdón incondicional?*
¿Eternamente seguros?
Tres textos que suelen tomarse fuera de contexto: *Explicando la verdad y exponiendo el error*
LaTrinidad
La verdad sobre la Navidad

Tambien nos encontramos en proceso de preparar y subir estos libritos que puedan ser comprados como copia impresa de:

www.amazon.co.uk o **www.thebookdepository.com**

ABRAMOS LA BIBLIA

Una reseña única del Antiguo y el Nuevo Testamento del internacionalmente aclamado orador y autor evangélico David Pawson. *Abramos la Biblia* abre la palabra de Dios de una forma fresca y poderosa. Pasando por alto los pequeños detalles de los estudios versículo por versículo, expone la historia épica de Dios y su pueblo en Israel. La cultura, el trasfondo histórico y las personas son presentados y aplicados al mundo moderno. Ocho volúmenes han sido reunidos en una guía compacta y fácil de usar que cubren el Antiguo y el Nuevo Testamento en una única edición gigante. El Antiguo Testamento: *Las instrucciones del fabricante* (Los cinco libros de la Ley), *Una tierra y un reino* (Josué, Jueces, Rut, 1-2 Samuel, 1-2 Reyes), *Poesías de adoración y sabiduría* (Salmos, Cantares, Proverbios, Eclesiastés), *Declinación y caída de un imperio* (Isaías, Jeremías y otros profetas), *La lucha por sobrevivir* (1-2 Crónicas y los profetas del exilio) – El Nuevo Testamento: *La bisagra de la historia* (Mateo, Marcos, Lucas, Juan y Hechos), *El decimotercer apóstol* (Pablo y sus cartas), *A la gloria por el sufrimiento* (Apocalipsis, Hebreos, las cartas de Santiago, Pedro y Judas).

JESÚS LAS SIETE MARAVILLAS DE SU HISTORIA

Este libro es el resultado de toda una vida de contar "la más grande historia jamás contada" por todo el mundo. David la volvió a narrar a varios cientos de jóvenes en Kansas City, EE.UU., que escucharon con un entusiasmo desinhibido, "twiteando" por Internet acerca de este "simpático caballero inglés" mientras hablaba.

Tomando la parte central del Credo de los Apóstoles como marco, David explica los hechos fundamentales acerca de Jesús en los que está basada la fe cristiana de una forma fresca y estimulante. Tanto los cristianos viejos como nuevos de beneficiarán de este llamado a "volver a los fundamentos", y encontrarán que se vuelven a enamorar de su Señor.

OTRAS ENSEÑANZAS
POR DAVID PAWSON

Para el listado más actualizado de los libros de David ir a: **www.davidpawsonbooks.com**

Para comprar las enseñanzas de David ir a: **www.davidpawson.com**

www.ingramcontent.com/pod-product-compliance
Lightning Source LLC
Chambersburg PA
CBHW071508080526
44587CB00016B/2726